••• Títulos relacionados

INSERCIÓN LABORAL DE PERSONAS CON DISCAPACIDAD SSCG0109

[DISPONIBLE CERTIFICADO COMPLETO]

Solicítalos en

- Librería
- www.paraninfo.es
- Solicitudes nacionales +34 914 463 350
- Solicitudes fuera de España +34 913 308 907
                                        +34 913 308 919

Entrenamiento de habilidades laborales

Cristina de Alba Galván

Paraninfo

© 2025 Ediciones Paraninfo, S. A.
© 2025 Cristina de Alba Galván

Edición y maquetación: Ediciones Nobel, S. A.

Impresión: Liberdigital (Casarrubuelos, Madrid)
ISBN: 978-84-283-7074-5
Depósito legal: M-7275-2025

Impreso en España

Autora

Cristina de Alba Galván es licenciada en Psicología por la Universidad de Sevilla, con formación de posgrado en Dirección y Gestión de Recursos Humanos.

Su trayectoria profesional se ha centrado en la gestión de personas, realizando tareas de análisis de perfiles profesionales, selección, formación y desarrollo del talento humano. Ha colaborado con equipos multidisciplinares, participando en labores de intermediación laboral y coordinado estudios y proyectos de investigación y evaluación, tanto en el sector público como privado.

Es colaboradora en medios digitales, donde ha publicado artículos sobre desarrollo personal y profesional, así como sobre temas relacionados con empleo y formación.

Índice

Introducción normativa

La Ley Orgánica 3/2022, de 31 de marzo, de ordenación e integración de la Formación Profesional, contiene una disposición derogatoria única que afecta a la regulación de los certificados de profesionalidad, ahora denominados **Certificados Profesionales.** La referida normativa deroga la Ley Orgánica 5/2002, de 19 de junio, de las Cualificaciones y de la Formación Profesional, y abre un escenario de cambios que se irán implementando progresivamente.

La Ley Orgánica 3/2022, de 31 de marzo, de ordenación e integración de la Formación Profesional implica que toda la formación es acumulable. La oferta formativa se estructura de forma escalonada, siendo los Certificados Profesionales un nivel intermedio (Grado C) de una escala que va desde el Grado A hasta el E.

En los artículos 35 a 38 de la Ley 3/2022 se describe en qué consisten estos Certificados Profesionales: su oferta, formación asociada, estructura, duración, acceso, titulación y validez. Posteriormente, esta normativa se completa con lo dispuesto en el Real Decreto 659/2023, de 18 de julio, que desarrolla la ordenación del sistema de Formación Profesional. Concretamente en los artículos 67 a 81 es donde se hace referencia a la oferta formativa de Grado C, correspondiente a los Certificados Profesionales.

Están agrupados en 26 familias profesionales con características comunes del sector. En la actualidad hay más de medio millar de Certificados Profesionales incluidos en el Repertorio Nacional. Esta cifra no deja de crecer. Además, cada certificado está específicamente regulado por un real decreto.

Un Certificado Profesional corresponde al Grado C de la oferta del Sistema de Formación Profesional. Es un documento oficial, con validez en todo el territorio nacional y debe constar en el Catálogo Nacional de Ofertas de Formación Profesional, que certifica la capacitación para el desarrollo de una actividad profesional.

Debe detallar los módulos profesionales superados y los estándares de competencia profesional asociados a él e incluidos en el **Catálogo Nacional de Estándares de Competencias Profesionales**, así como su correspondencia con el Marco Español de Cualificaciones.

Despliegan su validez en un doble ámbito, laboral y académico:

- En el contexto laboral tienen validez profesional, porque acreditan las competencias en una determinada profesión. Para poder trabajar en algunas profesiones, se exigen determinadas cualificaciones, y los certificados sirven para acreditarlas.

- Asimismo, tienen validez académica, puesto que permiten continuar un itinerario formativo siempre que se cumplan los requisitos de acceso para cursar la titulación deseada. De tal modo que, los Certificados Profesionales que sean parte de un Grado D permitirán la matrícula modular para completar los módulos establecidos en el currículo y obtener el correspondiente título de técnico básico, técnico o técnico superior con validez en todo el territorio nacional.

Para obtener un Certificado Profesional (Grado C) es preciso cumplir con los requisitos de acceso para realizar la formación.

Estructura de los Certificados Profesionales

I. Identificación: denominación, familia y área profesional a la que pertenecen; nivel de cualificación profesional (1, 2 o 3); cualificación profesional de referencia; entorno profesional y módulos formativos que esté previsto cursar junto con la duración de cada uno de ellos.

II. Perfil profesional: incluye las competencias profesionales requeridas en el mercado laboral. En todas ellas se concretan las realizaciones profesionales y los criterios de realización.

III. Formación: describe los módulos formativos que esté previsto cursar para adquirir las competencias requeridas. En cada uno de ellos se indican las capacidades que se pretende alcanzar y la duración del módulo de prácticas no laborales —PNL—, para el que cabe solicitar exención si se cumplen determinados requisitos.

IV. Prescripciones de las personas formadoras.

V. Requisitos mínimos de espacios, instalaciones y equipamiento.

Los Certificados Profesionales se identifican con una denominación concreta y un código alfanumérico propio, y sirven para acreditar una determinada cualificación profesional. Cada certificado está asociado a una relación de unidades de competencia que, a su vez, se vinculan con una serie de módulos formativos específicos. Algunos módulos están integrados por unidades formativas y tanto unos como otras son, en ocasiones, transversales, lo que significa que se trata de contenidos incluidos en más de un Certificado Profesional.

Los Certificados Profesionales se articulan en tres niveles de competencia profesional (1, 2 y 3) conforme a lo dispuesto en el que será el Catálogo Nacional de Estándares de Competencias Profesionales, anteriormente Catálogo Nacional de Cualificaciones Profesionales (CNCP), según los criterios establecidos de conocimientos, iniciativa, autonomía y complejidad de las tareas, en cada una de las ofertas de Formación Profesional.

La oferta formativa dirigida a la obtención de los Certificados Profesionales tiene carácter modular para favorecer la acreditación parcial acumulable de la formación recibida y posibilitar así el avance en el itinerario de Formación Profesional para cualquiera que sea la situación laboral de cada persona en cada momento.

En definitiva, el Grado C constituye la oferta, parcial y acumulable, del sistema de Formación Profesional, de varios módulos profesionales del catálogo modular de Formación Profesional por razón de su significado en el mercado laboral y conducente a la obtención de un Certificado Profesional.

Las ofertas de Grado C de Formación Profesional tendrán por objeto módulos profesionales incluidos previamente en el catálogo modular de formación profesional y asociados al Catálogo Nacional de Estándares de Competencias Profesionales.

Finalidad de los Certificados Profesionales

- Contribuir a la ordenación de un Sistema de Formación Profesional al servicio de un régimen de formación y acompañamiento profesionales que sea capaz de responder con flexibilidad a los intereses, expectativas y aspiraciones de cualificación profesional de las personas a lo largo de su vida.

- Combinar escuela y empresa situando a la persona en el centro del sistema.

- Facilitar el aprendizaje permanente de toda la ciudadanía mediante una formación abierta, flexible y accesible, estructurada de forma modular, a través de la oferta formativa asociada al certificado.

- Acreditar las cualificaciones profesionales o las unidades de competencia recogidas en estas, independientemente de su vía de adquisición, bien sea través de la vía formativa, o mediante la experiencia laboral o vías no formales de formación.

- Favorecer, tanto a nivel nacional como europeo, la transparencia del mercado de trabajo.

- Contribuir a la calidad de la oferta de Formación Profesional.

Este libro

El presente libro desarrolla la Unidad Formativa denominada *Entrenamiento de habilidades laborales,* UF0801.

Dicha unidad formativa está asociada a la Unidad de Competencia UC1035_3, forma parte del Módulo Formativo MF1035_3 *Entrenamiento en habilidades sociolaborales de personas con discapacidad* perteneciente a las Cualificación Profesional de referencia SSC323_3, de nivel 3, incluida en el Certificado Profesional denominado *Inserción laboral de personas con discapacidad,* dentro de la familia profesional Servicios Socioculturales y a la Comunidad.

Según el Real Decreto 721/2011, de 20 de mayo, los contenidos que en esta obra se recogen se corresponden con una duración de 60 horas.

Tanto la estructura como el desarrollo del libro se ajustan al citado real decreto y más concretamente a los contenidos de la Unidad Formativa que le da título *Entrenamiento de habilidades laborales,* UF0801.

Contenidos

1. **Habilidades de apoyo a la inserción sociolaboral de personas con discapacidad.**
   — La accesibilidad en el entorno laboral.
     • Conceptos básicos y normativas.
   — Barreras y facilitadores de la accesibilidad de los usuarios con discapacidad en el entorno laboral:
     • Accesibilidad física.
     • Accesibilidad sensorial.
     • Accesibilidad cognitiva.

2. **Estrategias de promoción de la accesibilidad en entornos laborales.**
   — Ayudas técnicas y adaptación de equipos de trabajo.
   — Acceso a la comunicación y a las tecnologías de la información.
     • Acceso a equipos informáticos.
     • Acceso a medios audiovisuales.
     • Accesibilidad en la web.
   — Acceso al conocimiento.
     • Concepto de lectura fácil y elaboración de documentos.

3. **Normativa de seguridad e higiene en entornos laborales y prevención de riesgos laborales.**
   — Normativa básica de prevención de riesgos laborales.
   — Detección y prevención de riesgos laborales.

Nota del editor

En Ediciones Paraninfo estamos comprometidos con la calidad de la formación e intentamos que nuestros materiales, respondan fielmente y con rigor a las necesidades de todos cuantos confían en nuestro sello editorial.

Tratamos de dar respuesta a los currículos de las unidades formativas y de los módulos que integran los distintos Certificados Profesionales, equilibrando la parte teórica con la práctica para que los procesos de aprendizaje se conviertan en experiencias gratificantes tanto para docentes como para las personas inmersas en los procesos formativos.

Contribuir de forma decisiva a afianzar aprendizajes, ayudar a adquirir destrezas que tengan significado para el empleo y conseguir potenciar el desarrollo personal es nuestra mayor satisfacción como editores.

Para lograrlo contamos con excelentes autores, expertos en las materias que abordan, en la mayoría de los casos docentes de dichas especialidades con dilatada experiencia profesional y académica, porque buscamos perfiles familiarizados con los contextos laborales concretos a los que se refieren nuestros manuales.

Confiamos en poder serte de ayuda y esperamos tus impresiones acerca de nuestro trabajo. Sean positivas o negativas, serán muy bien recibidas y, sin duda, nos ayudarán a seguir mejorando y trabajando con ilusión para continuar siendo un referente en formación para el empleo.

Agradecemos tu confianza en nuestros manuales. Todo nuestro equipo queda a tu total disposición. Puedes contactar con nosotros en esta dirección de correo electrónico: info@paraninfo.es.

1. Habilidades de apoyo a la inserción sociolaboral de personas con discapacidad

Contenido

La inserción sociolaboral de las personas con discapacidad sigue siendo un reto para nuestra sociedad. Aunque en los últimos años se ha producido un gran avance en la normalización de este colectivo, aún siguen experimentando algunas dificultades para acceder al mercado laboral y mantener un empleo. Algunas de estas dificultades están relacionadas con la accesibilidad en los entornos laborales.

La accesibilidad de los entornos de trabajo es fundamental para garantizar la igualdad de oportunidades entre las personas y la no discriminación. Por ello, las empresas pueden solicitar ayudas públicas y subvenciones para adaptar los puestos de trabajo y suprimir las barreras que obstaculizan la accesibilidad universal.

1.1. La accesibilidad en el entorno laboral

La accesibilidad es una condición previa a la participación en la sociedad y a la inserción sociolaboral de las personas con discapacidad. Por ello, diferentes organismos han propuesto medidas para garantizar la accesibilidad y el «diseño para todos», eliminando las barreras existentes.

El objetivo último de las medidas de fomento de la accesibilidad en el entorno laboral debe ser la inserción de las personas con discapacidad en entornos normalizados.

La accesibilidad se entiende como «el acceso de las personas con discapacidad, en las mismas condiciones que el resto de la población, al entorno físico, al transporte, a las tecnologías y los sistemas de la información y las comunicaciones (TIC), y a otras instalaciones y servicios» (Estrategia Comunitaria sobre Discapacidad 2010-2020).

La Convención de las Naciones Unidas sobre los Derechos de las Personas con Discapacidad (2007) recoge lo siguiente en relación a la accesibilidad:

Artículo 9: Accesibilidad

1. A fin de que las personas con discapacidad puedan vivir en forma independiente y participar plenamente en todos los aspectos de la vida, los Estados Partes

---

adoptarán medidas pertinentes para asegurar el acceso de las personas con dis-capacidad, en igualdad de condiciones con las demás, al entorno físico, el transpor-te, la información y las comunicaciones, incluidos los sistemas y las tecnologías de la información y las comunicaciones, y a otros servicios e instalaciones abiertos al público o de uso público, tanto en zonas urbanas como rurales. Estas medidas, que incluirán la identificación y eliminación de obstáculos y barreras de acceso, se aplicarán, entre otras cosas, a:

a) Los edificios, las vías públicas, el transporte y otras instalaciones exterio-res e interiores como escuelas, viviendas, instalaciones médicas y lugares de trabajo;

b) Los servicios de información, comunicaciones y de otro tipo, incluidos los servicios electrónicos y de emergencia.

2. Los Estados Partes también adoptarán las medidas pertinentes para:

a) Desarrollar, promulgar y supervisar la aplicación de normas mínimas y di-rectrices sobre la accesibilidad de las instalaciones y los servicios abiertos al público o de uso público;

b) Asegurar que las entidades privadas que proporcionan instalaciones y servi-cios abiertos al público o de uso público tengan en cuenta todos los aspec-tos de su accesibilidad para las personas con discapacidad;

c) Ofrecer formación a todas las personas involucradas en los problemas de accesibilidad a que se enfrentan las personas con discapacidad;

d) Dotar a los edificios y otras instalaciones abiertas al público de señaliza-ción en braille y en formatos de fácil lectura y comprensión;

e) Ofrecer formas de asistencia humana o animal e intermediarios, incluidos guías, lectores e intérpretes profesionales de la lengua de señas, para faci-litar el acceso a edificios y otras instalaciones abiertas al público;

f) Promover otras formas adecuadas de asistencia y apoyo a las personas con discapacidad para asegurar su acceso a la información;

g) Promover el acceso de las personas con discapacidad a los nuevos sistemas y tecnologías de la información y las comunicaciones, incluida internet;

h) Promover el diseño, el desarrollo, la producción y la distribución de siste-mas y tecnologías de la información y las comunicaciones accesibles en una etapa temprana, a fin de que estos sistemas y tecnologías sean acce-sibles al menor costo.

La nueva **Estrategia europea sobre los derechos de las personas con discapaci-dad** («Una Unión de la Igualdad: Estrategia sobre los derechos de las personas con discapacidad para 2021-2030») identifica como una de sus áreas de intervención prioritaria la accesibilidad. En concreto, señala que «La accesibilidad a los entornos construidos y virtuales, a las tecnologías de la información y la comunicación (TIC), a los bienes y servicios, incluidos el transporte y la infraestructura, es un facilitador de derechos y un requisito previo para la plena participación de las personas con discapacidad en igualdad de condiciones con las demás».

La estrategia comunitaria establece un conjunto de acciones e iniciativas encaminadas a implementar y asegurar el cumplimiento de las normas de accesibilidad, así como garantizar el derecho a circular y residir libremente dentro de la Unión Europea y a participar en el proceso democrático.

1.1.1. Conceptos básicos y normativa

Los conceptos básicos en relación a la accesibilidad vienen definidos en la Ley General de derechos de las personas con discapacidad y de su inclusión social. En dicha normativa, se delimitan los siguientes conceptos:

– Accesibilidad universal: la condición que deben cumplir los entornos, procesos, bienes, productos y servicios, así como los objetos o instrumentos, herramientas y dispositivos, para ser comprensibles, utilizables y practicables por todas las personas en condiciones de seguridad y comodidad y de la forma más autónoma y natural posible.

– Diseño para todos: la actividad por la que se conciben o proyectan, desde el origen, y siempre que ello sea posible, entornos, procesos, bienes, productos, servicios, objetos, instrumentos, dispositivos o herramientas, de tal forma que puedan ser utilizados por todas las personas, en la mayor extensión posible.

Diferentes textos legislativos han remarcado la obligatoriedad de adoptar medidas adecuadas para la garantizar la accesibilidad de las personas con discapacidad. En España, la accesibilidad de personas con discapacidad ha sido regulada por diferentes normativas, entre las que destacan:

– Real Decreto 505/2007, de 20 de abril, por el que se aprueban las condiciones básicas de accesibilidad y no discriminación de las personas con discapacidad para el acceso y utilización de los espacios públicos urbanizados y edificaciones.

En esta normativa se regulan las condiciones básicas que garantizar a todas las personas la utilización no discriminatoria, independiente y segura de los edificios y los espacios públicos urbanizados, con el fin de hacer efectiva la igualdad de oportunidades y la accesibilidad universal.

Las condiciones básicas que garantizan la accesibilidad en los edificios públicos hacen referencia al acceso a los edificios, los espacios accesibles al mismo y a distinto nivel, el mobiliario, la información y señalización y la seguridad en caso de incendio.

- Real Decreto Legislativo 1/2013, de 29 de noviembre (Ley General de derechos de las personas con discapacidad y de su inclusión social).

En el artículo 40 del Real Decreto Legislativo 1/2013, de 29 de noviembre, por el que se aprueba el Texto Refundido de la Ley General de derechos de las personas con discapacidad y de su inclusión social, se señala lo siguiente:

Artículo 40. Adopción de medidas para prevenir o compensar las desventajas ocasionadas por la discapacidad como garantía de la plena igualdad en el trabajo.

1. *Para garantizar la plena igualdad en el trabajo, el principio de igualdad de trato no impedirá que se mantengan o adopten medidas específicas destinadas a prevenir o compensar las desventajas ocasionadas por motivo de o por razón de discapacidad.*

2. *Los empresarios están obligados a adoptar las medidas adecuadas para la adaptación del puesto de trabajo y la accesibilidad de la empresa, en función de las necesidades de cada situación concreta, con el fin de permitir a las personas con discapacidad acceder al empleo, desempeñar su trabajo, progresar profesionalmente y acceder a la formación, salvo que esas medidas supongan una carga excesiva para el empresario.*

Para determinar si una carga es excesiva se tendrá en cuenta si es paliada en grado suficiente mediante las medidas, ayudas o subvenciones públicas para personas con discapacidad, así como los costes financieros y de otro tipo que las medidas impliquen y el tamaño y el volumen de negocios total de la organización o empresa.

1.2. Barreras y facilitadores de la accesibilidad de los usuarios con discapacidad en el entorno laboral

En el ámbito laboral, las barreras de la accesibilidad son aquellos obstáculos que dificultan e, incluso, impiden, la ejecución de una determinada actividad o el acceso a un espacio de trabajo, limitando las posibilidades de integración laboral de las personas con discapacidad.

Las barreras de la accesibilidad pueden ser de diferentes tipos: barreras arquitectónicas, urbanísticas, culturales, psicológicas, de comunicación e información, etcétera.

Por otro lado, los facilitadores son aquellos elementos que favorecen el acceso de las personas con discapacidad a los entornos laborales, como la accesibilidad universal y el «diseño para todos», supresión de barreras arquitectónicas, tecnologías y ayudas técnicas para la adaptación de equipos de trabajo, accesibilidad web, etcétera.

En lo relativo a la accesibilidad universal, el *Center for Universal Design* (Universidad de Carolina del Norte, EE. UU.) señaló los siguientes principios que deben guiar el «diseño para todos»:

- Uso equitativo: el diseño debe ser útil y asequible para todas las personas con discapacidad.
- Uso flexible: debe adaptarse a un amplio rango de capacidades individuales.
- Simple e intuitivo: debe ser fácil de entender y utilizar (con independencia de la experiencia, el conocimiento o las capacidades de concentración y atención).
- Información perceptible: debe transmitir la información de forma eficaz, con independencia de las capacidades de la persona.
- Tolerancia a los errores: debe minimizar el peligro y las consecuencias negativas producidas por los errores cometidos.
- Bajo esfuerzo físico: su utilización debe ser cómoda y requerir el mínimo esfuerzo.
- Espacio suficiente de aproximación y uso: debe permitir el acercamiento, alcance, manipulación y uso independientemente las capacidades de la persona.

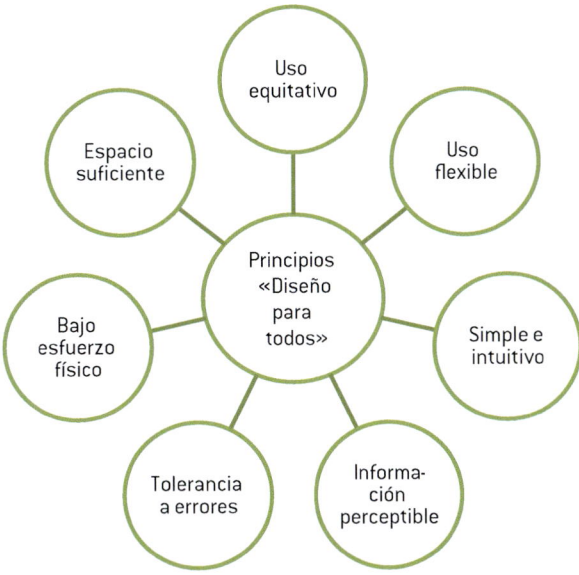

1.2.1. Accesibilidad física

La accesibilidad física se refiere a las características de los espacios de trabajo (exteriores e interiores). Estos espacios físicos deben ser diseñados o adaptados para permitir a las personas con discapacidad:

- Desplazarse y deambular por los espacios de forma segura, teniendo en cuenta aspectos como accesos, anchos de paso, anchos de giro, obstáculos, desniveles verticales (rampas, escaleras o ascensores), pavimentos, etc. El desplazamiento debe poder realizarse de diferentes maneras:

  - Andando solo sin ayuda.

  - Andando acompañado por otras personas.

  - Andando acompañado por un perro guía.

  - Andando ayudándose de bastones.

  - Andando ayudándose de andadores.

  - En silla de ruedas.

- Aprehender, alcanzar, agarrar y manipular los objetos o herramientas de trabajo.

1.2.2. Accesibilidad sensorial

Los espacios de trabajo deben asegurar la accesibilidad a personas con discapacidades sensoriales (auditivas y visuales), adaptando el entorno mediante señalización, carteles adaptados a personas con discapacidad visual, sistemas de aviso y alarmas, megafonía, etcétera.

Para evitar las barreras a las personas con discapacidad sensorial, los entornos laborales deben utilizar una señalización correcta:

- Carteles con un tamaño de letra adecuado y con suficiente contraste entre el texto y el fondo.

- Señalización que sea fácilmente distinguible del resto del entorno.

- Utilización del sistema braille en los carteles de texto.

- Utilización de pictogramas en la señalización.

- Señalizaciones acústicas.

- Sistemas de emergencia o alarma mediante sistemas auditivos, visuales y luminosos (megafonía, avisos de texto, señales luminosas...).

1.2.3. Accesibilidad cognitiva

La accesibilidad cognitiva indica si los entornos laborales son comprensibles para las personas con discapacidad intelectual.

Para asegurar la accesibilidad cognitiva, se deberán realizar adaptaciones que permitan a la persona con discapacidad comunicarse y recibir la información de manera adecuada, así como conocer en cada momento en qué lugar se encuentra y dónde encontrar lo que busca (mediante, por ejemplo, sistemas de señalización).

Para que la información sea accesible y comprensible, es necesario:

- Señalizar correctamente el entorno, permitiendo a la persona orientarse con facilidad.

- Hacer uso de diferentes formatos para presentar la información (visual, auditivo, etcétera).

- Utilizar un vocabulario sencillo y claro.

- Limitar la necesidad de memorizar datos, facilitando sistemas adecuados para el registro, almacenamiento y recuperación de la información.

RESUMEN

- La accesibilidad de los entornos de trabajo es fundamental para garantizar la igualdad de oportunidades entre las personas y la no discriminación, favoreciendo la inserción sociolaboral de este colectivo.

- Para eliminar las barreras existentes, diferentes organismos han propuesto medidas para garantizar la accesibilidad universal y el «diseño para todos».

- La accesibilidad se entiende como «el acceso de las personas con discapacidad, en las mismas condiciones que el resto de la población, al entorno físico, al transporte, a las tecnologías y los sistemas de la información y las comunicaciones (TIC), y a otras instalaciones y servicios».

- El «diseño para todos» se define como «la actividad por la que se conciben o proyectan, desde el origen, y siempre que ello sea posible, entornos, procesos, bienes, productos, servicios, objetos, instrumentos, dispositivos o herramientas, de tal forma que puedan ser utilizados por todas las personas, en la mayor extensión posible».

- Las barreras de la accesibilidad pueden ser de diferentes tipos: barreras arquitectónicas, urbanísticas, culturales, psicológicas, de comunicación e información, etcétera.

ACTIVIDADES DE AUTOEVALUACIÓN

1.1. ¿Cómo se denomina la actividad por la que se proyectan desde el origen entornos que puedan ser utilizados por todas las personas?

a) Accesibilidad universal.

b) Diseño para todos.

c) Facilitador de la accesibilidad.

1.2. ¿Qué normativa regula las condiciones básicas para garantizar la utilización no discriminatoria y segura de los edificios y los espacios públicos urbanizados?

a) Real Decreto 505/2007, de 20 de abril.

b) Ley 39/2006, de 14 de diciembre.

c) Real Decreto Legislativo 1/2013.

1.3. Según el Real Decreto Legislativo 1/2013, de 29 de noviembre (Ley General de derechos de las personas con discapacidad y de su inclusión social), ¿el empresario está obligado a adoptar las medidas adecuadas para la adaptación del puesto de trabajo y la accesibilidad de la empresa?

a) No, la adaptación es de carácter voluntario.

b) Sí, siempre.

c) Sí, salvo que esas medidas supongan una carga excesiva para el empresario.

1.4. ¿Qué medidas se deben tomar para mejorar la accesibilidad intelectual?

a) Rampas para salvar desniveles.

b) Señalización distinguible del entorno.

c) Limitar la necesidad de memorizar datos.

1.5. ¿Qué tipo de accesibilidad se está favoreciendo al instalar sistemas de alarma que utilicen señales auditivas, visuales y luminosas?

a) Accesibilidad física.

b) Accesibilidad sensorial.

c) Accesibilidad intelectual.

ACTIVIDADES DE APLICACIÓN

1.1. Señala si las siguientes afirmaciones son verdaderas o falsas:

	V	F
a. La accesibilidad universal es la condición que deben cumplir los entornos, procesos, bienes, productos y servicios, así como los objetos o instrumentos, herramientas y dispositivos, para ser comprensibles, utilizables y practicables por todas las personas en condiciones de seguridad y comodidad y de la forma más autónoma y natural posible.		
b. El diseño para todos es la actividad por la que se modifican los entornos, procesos, bienes, productos, servicios, objetos, instrumentos, dispositivos o herramientas, de tal forma que puedan ser utilizados por todas las personas, de la forma más autónoma y natural posible.		
c. El Real Decreto 505/2007, de 20 de abril, regula las condiciones básicas de accesibilidad y no discriminación de las personas con discapacidad para el acceso y utilización de los espacios privados urbanizados y edificaciones.		

1.2. Relaciona cada principio del «diseño para todos» con su característica definitoria:

1. Uso flexible	a. El diseño debe ser útil y asequible para todas las personas con discapacidad.
2. Información perceptible	b. Debe permitir el acercamiento, alcance, manipulación y uso independientemente de las capacidades de la persona.
3. Uso equitativo	c. Debe minimizar el peligro y las consecuencias negativas producidas por los errores cometidos.
4. Tolerancia a los errores	d. Debe adaptarse a un amplio rango de capacidades individuales.
5. Espacio suficiente de aproximación y uso	e. Debe transmitir la información de forma eficaz, con independencia de las capacidades de la persona.

CASO PRÁCTICO

Adaptación de un puesto de trabajo

Contexto:

Carlos es un programador con movilidad reducida que utiliza una silla de ruedas. Ha sido contratado por una empresa de desarrollo de *software*, pero su puesto de trabajo no es accesible. La empresa ha solicitado tu asesoramiento para adaptar el entorno laboral a las necesidades de Carlos.

Actividad:

- Elabora un plan de accesibilidad que incluya:
  - Recomendaciones para la adecuación física del puesto de trabajo y las instalaciones.
  - Propuestas de tecnología asistida y ayudas técnicas que puedan facilitar su trabajo.
  - Medidas para fomentar un ambiente inclusivo y de apoyo por parte de sus compañeros.
- Preguntas:
  - ¿Qué modificaciones físicas son necesarias en la oficina para que Carlos pueda moverse libremente?
  - ¿Qué tecnología recomendarías para que Carlos pueda trabajar de manera eficiente?
  - ¿Qué acciones propondrías para sensibilizar y formar al personal sobre la inclusión de Carlos?

GLOSARIO

- **Accesibilidad cognitiva:** estrategias y herramientas que hacen la información, los entornos y los servicios comprensibles y utilizables para personas con discapacidades cognitivas, favoreciendo su autonomía y entendimiento.

- **Accesibilidad física:** disponibilidad y adecuación de espacios y entornos para que las personas con discapacidades físicas puedan desplazarse, utilizar servicios y participar en actividades de manera autónoma y segura.

- **Accesibilidad universal:** condición que deben cumplir los entornos, procesos, bienes, productos y servicios, así como los objetos o instrumentos, herramientas y dispositivos, para ser comprensibles, utilizables y practicables por todas las personas en condiciones de seguridad y comodidad y de la forma más autónoma y natural posible.

- **Accesibilidad sensorial:** adaptaciones y recursos que permiten a las personas con discapacidades auditivas y/o visuales percibir y procesar la información del entorno, facilitando su comunicación y participación.

- **Barreras de la accesibilidad:** obstáculos físicos, sensoriales, cognitivos o sociales que dificultan o impiden la participación plena de las personas con discapacidad en diversas actividades.

- **Diseño para todos:** actividad por la que se concibe o proyecta, desde el origen, y siempre que ello sea posible, entornos, procesos, bienes, productos, servicios, objetos, instrumentos, dispositivos o herramientas, de tal forma que puedan ser utilizados por todas las personas, en la mayor extensión posible.

- **Facilitadores de la accesibilidad:** elementos o medidas que eliminan o reducen las barreras, permitiendo la inclusión y participación efectiva de las personas con discapacidad.

MAPA CONCEPTUAL

HABILIDADES DE APOYO A LA INSERCIÓN SOCIOLABORAL DE PERSONAS CON DISCAPACIDAD

ACCESIBILIDAD EN EL ENTORNO LABORAL

- Accesibilidad universal: la condición que deben cumplir los entornos, procesos, bienes, productos y servicios, así como los objetos o instrumentos, herramientas y dispositivos, para ser comprensibles, utilizables y practicables por todas las personas en condiciones de seguridad y comodidad y de la forma más autónoma y natural posible.

- Diseño para todos: la actividad por la que se concibe o proyecta, desde el origen, y siempre que ello sea posible, entornos, procesos, bienes, productos, servicios, objetos, instrumentos, dispositivos o herramientas, de tal forma que puedan ser utilizados por todas las personas, en la mayor extensión posible.

FACILITADORES DE LA ACCESIBILIDAD: DISEÑO PARA TODOS

- Uso equitativo.

- Uso flexible.

- Simple e intuitivo.

- Información perceptible.

- Tolerancia a errores.

- Bajo esfuerzo físico.

- Espacio suficiente de aproximación y uso.

2. Estrategias de promoción de la accesibilidad en entornos laborales

Contenido

La adaptación de los entornos de trabajo para hacerlos accesibles a las personas con discapacidad es una condición necesaria para la integración e inserción sociolaboral de este colectivo.

Para favorecer la accesibilidad en los entornos laborales, es fundamental la utilización de ayudas técnicas y la adaptación de equipos de trabajo que faciliten el acceso a la comunicación, a las tecnologías de la información y al conocimiento.

El objetivo de la promoción de la accesibilidad en entornos laborales es suprimir las barreras que dificulten el acceso al puesto de trabajo y/o el desempeño de las actividades o tareas laborales.

2.1. Ayudas técnicas y adaptación de equipos de trabajo

Una ayuda técnica es cualquier equipo, objeto o sistema que se permite aumentar o mejorar las capacidades funcionales de las personas con discapacidad, compensando la falta de destreza y/o transfiriendo destrezas hacia otras partes del cuerpo. Las ayudas técnicas pueden ser de tres tipos:

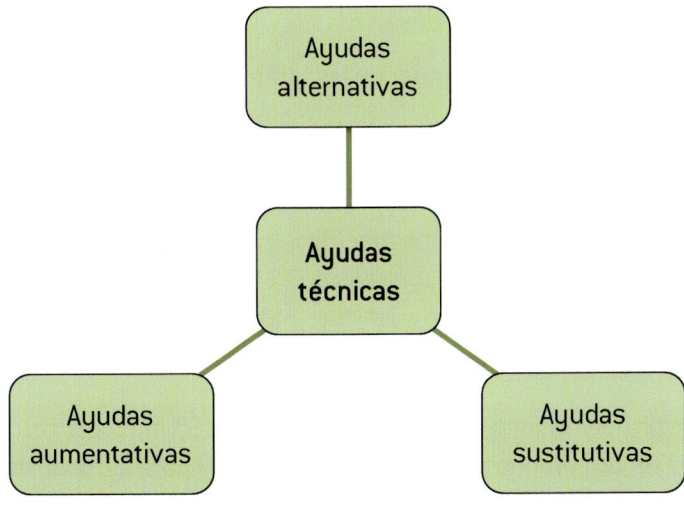

– Ayudas alternativas: suponen un método o herramienta alternativa que la persona con discapacidad puede utilizar para lograr un determinado fin.

- Ayudas aumentativas: son ayudas que mejoran la productividad en una determinada tarea o complementan la falta de destrezas de las persona.

- Ayudas sustitutivas: sustituyen el uso de una funcionalidad afectada debido la discapacidad por otras que no están afectadas.

Para la adaptación de puestos y equipos de trabajo, existen multitud de ayudas técnicas y productos de apoyo. El Centro Estatal de Autonomía Personal y Ayudas Técnicas (CEAPAT) es un centro dependiente del Instituto de Migraciones y Servicios Sociales (IMSERSO) dedicado a potenciar la accesibilidad universal y el desarrollo de la tecnología y ayudas técnicas. El CEAPAT elabora periódicamente catálogos sobre las ayudas técnicas existentes.

Los trabajadores con discapacidad son un colectivo muy heterogéneo, por lo que, para realizar adaptaciones del entorno de trabajo se debe analizar cada caso concreto. Para la realización de adaptaciones de entornos de trabajo, se seguirán las siguientes fases:

1. Descripción del puesto de trabajo:

   • Requisitos físicos y psíquicos para el desempeño de las tareas y funciones propias del puesto.

   • Requisitos físicos y psíquicos para el manejo y utilización de los equipos de trabajo, medios técnicos y tecnológicos necesarios para la realización de la actividad laboral.

2. Descripción del entorno de trabajo:

   • Accesibilidad a la empresa.

   • Accesibilidad en el interior de las instalaciones.

3. Habilidades y capacidades del trabajador.

4. Análisis de datos y estudio del caso.

5. Propuesta de las medidas específicas para la adaptación del puesto de trabajo y/o mejora de la accesibilidad.

Clasificación UNE-EN ISO 9999

La Organización Internacional para la Estandarización (ISO, *International Organization for Standardization*) propuso la clasificación ISO-9999 para agrupar los productos de apoyo disponibles para las personas con diversidad funcional.

Según la norma UNE-EN ISO 9999, los productos de apoyo para personas con discapacidad se definen como: «cualquier producto (incluyendo dispositivos, equipo, instrumentos y *software*) fabricado especialmente o disponible en el mercado, utilizado por o para personas con discapacidad destinado a:

- Facilitar la participación;
- Proteger, apoyar, entrenar, medir o sustituir funciones/estructuras corporales y actividades; o
- Prevenir deficiencias, limitaciones en la actividad o restricciones en la participación».

Esta clasificación establece una serie de niveles en los que se enmarcan las ayudas técnicas. La clasificación más genérica (nivel 1) distingue las siguientes categorías:

- Productos de apoyo para tratamiento médico personalizado.
- Productos de apoyo para el entrenamiento de habilidades.
- Ortesis y prótesis.
- Productos de apoyo para el cuidado y la protección personal.
- Productos de apoyo para la movilidad personal.
- Productos de apoyo para actividades domésticas.
- Mobiliario y adaptaciones para viviendas y otros inmuebles.
- Productos de apoyo para la comunicación y la información.
- Productos de apoyo para la manipulación de objetos y dispositivos.
- Productos de apoyo y equipos para mejorar el ambiente, herramientas y máquinas.
- Productos de apoyo para el empleo y la formación profesional.
- Productos de apoyo para el ocio y esparcimiento.

El nivel 2 de la clasificación ISO-9999, indica las subclases de cada categoría. La categoría «Productos de apoyo para el empleo y la formación profesional» se divide a su vez en los siguientes tipos de productos de apoyo y ayudas técnicas:

- Mobiliario y elementos del lugar de trabajo.
- Productos de apoyo para el transporte de objetos en el lugar de trabajo.
- Productos de apoyo para la elevación y la reposición de objetos en el lugar de trabajo.
- Productos de apoyo para fijar, alcanzar y agarrar objetos en el lugar de trabajo.
- Máquinas y herramientas para usar en el lugar de trabajo.

- Dispositivos para la medición y el monitoreo en el lugar de trabajo.

- Productos de apoyo para la administración de oficinas, almacenamiento y manejo de información de trabajo.

- Productos de apoyo para la protección de la salud y la seguridad en el lugar de trabajo.

- Productos de apoyo para la evaluación y la formación profesional.

2.2. Acceso a la comunicación y a las tecnologías de la información

Las tecnologías de la información y de la comunicación (TIC) ofrecen a las personas con discapacidad nuevas formas de comunicación e interacción que permiten mayores niveles de participación y autonomía. Sin embargo, es necesario disponer de las ayudas técnicas pertinentes que posibiliten su acceso y utilización por parte de las personas con discapacidad.

La necesidad de comunicación es inherente a las personas y, por lo tanto, la falta de accesibilidad a la misma constituye una barrera a la integración y normalización. Las tecnologías de la información y comunicación (TIC) deben favorecer la integración de las personas con discapacidad y no suponer una barrera que limite sus posibilidades de comunicación y acceso a la información.

En la actualidad, se plantea el reto de conseguir la mayor accesibilidad posible de las TIC, ya que su uso ofrece multitud de ventajas y nuevas oportunidades laborales, formativas y de ocio para las personas con discapacidad.

La categoría «Productos de apoyo para la comunicación y la información» de la clasificación ISO-9999 se subdivide en los siguientes tipos de ayudas técnicas y productos de apoyo:

- Productos de apoyo para la visión.

- Productos de apoyo para la audición.

- Productos de apoyo para la generación de voz.

- Productos de apoyo para dibujo y escritura manual.

- Productos de apoyo para cálculo.

- Productos de apoyo que graban, reproducen y muestran la información de audio y visual.

- Productos de apoyo para comunicación cara a cara.

- Productos de apoyo para telefonía y para mensajería telemática.

- Productos de apoyo para alarma, indicación, recordatorio y señalización.

- Productos de apoyo para la lectura.

- Computadoras y terminales.

- Dispositivos de entrada para ordenadores.

- Dispositivos de salida para ordenadores.

2.2.1. Acceso a equipos informáticos

Los principales obstáculos que las personas con discapacidad pueden encontrar a la hora de utilizar equipos informáticos son los relacionados con el teclado, el ratón, la pantalla de visualización y el *software*.

Para garantizar el acceso a los equipos informáticos, estos deben cumplir una serie de requisitos generales:

- El equipo debe situarse al alcance de la persona, permitiendo una postura cómoda.

- El teclado debe ser independiente de la pantalla y permitir ajustar su inclinación.

- El monitor debe tener el tamaño suficiente. Como norma general, se recomienda situarlo a una distancia de 45-60 centímetros de la persona, aunque esta disposición puede variar en función de la discapacidad.

Para la utilización de los equipos informáticos por parte de personas con discapacidad, existen ayudas técnicas y productos de apoyo como:

Discapacidad visual: ayudas técnicas o productos de apoyo para acceder al equipo informático
- Ayudas para leer el monitor: dispositivos que muestran en sistema braille aquello que aparece en la pantalla del ordenador, *software* que amplía el texto de la pantalla del ordenador, sintetizadores de voz (*software* que reproduce el contenido de la pantalla mediante una voz artificial), etcétera.
- Brazos posicionadores de monitor: dispositivos para colocar el monitor en una posición adecuada para que la persona pueda verlo correctamente.
- Ayudas para el teclado: teclados ampliados con teclas de gran tamaño, teclados con teclas de diferentes colores (en función de si las letras son vocales, consonantes, números o funciones), teclado braille, etcétera.

– Dispositivos para imprimir documentos en formato braille.

– *Software* específico para transcribir textos al formato braille o crear archivos de audio a partir de textos escritos.

Ayuda técnica para personas con discapacidad visual: teclado braille.

Discapacidad física: ayudas técnicas o productos de apoyo para acceder al equipo informático

– Pulsadores: dispositivos para controlar los aparatos que dispongan de sistema de barrido (ordenador, comunicador, etcétera).

– Ayudas para el teclado: dispositivos para apoyar el antebrazo, *software* de teclado virtual que permite escribir en el ordenador sin tener que pulsar las teclas en el teclado, teclados para una sola mano, teclados de diferentes tamaños, teclados utilizados con otras partes del cuerpo (pie, boca, etc.), etcétera.

– Ayudas para el ratón: ratones adaptados para ser utilizado con la boca, con la cabeza o con el mentón; ratón de bola, ratón de *joystick,* ratón virtual (se visualiza en la pantalla del ordenador), etcétera.

– Monitores táctiles.

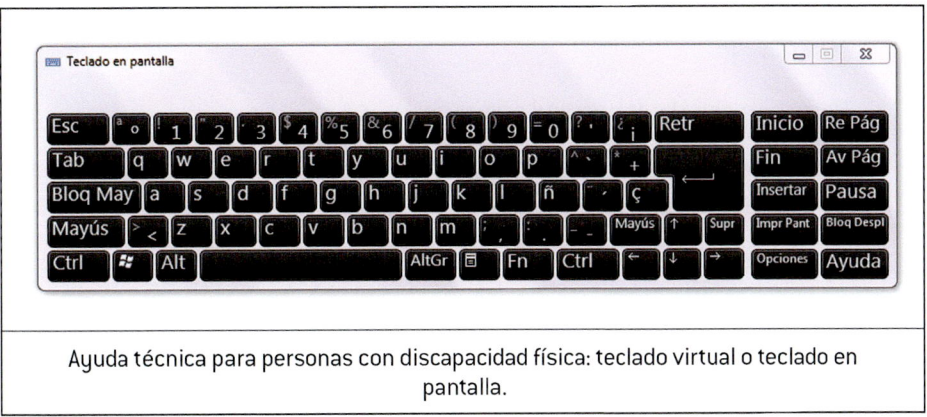

Ayuda técnica para personas con discapacidad física: teclado virtual o teclado en pantalla.

Discapacidad intelectual: ayudas técnicas o productos de apoyo para acceder al equipo informático
– Teclados especiales y personalizados.
– Pulsadores: dispositivos para controlar cualquier aparato que disponga de un sistema de barrido. Los sistemas de barrido permiten a la persona elegir, mediante la activación del pulsador, una de las opciones que le ofrezca el aparato a controlar.

2.2.2. Acceso a medios audiovisuales

Los medios audiovisuales son aquellos que se apoyan en recursos visuales, auditivos o la combinación de ambos para transmitir información.

Para el acceso a los medios audiovisuales, puede ser necesaria la puesta en marcha de determinadas adaptaciones. Algunas de las ayudas técnicas que pueden ser utilizadas para acceder a medios audiovisuales son:

- Personas con discapacidad visual:

    • Reproductores de audio especiales: dispositivos para la reproducción de libros en formato DAISY *(Digital Accesible Information System)*. Un libro en formato DAYSY (dirigido principalmente a personas con discapacidad visual) contiene la narración del texto en audio y permite navegar fácilmente entre diferentes puntos del contenido.

    • Lupas electrónicas: dispositivos que aumentan los textos o imágenes impresas.

    • Lectores autónomos: dispositivos capaces de reproducir mediante una voz artificial textos impresos.

- Sistemas de audiodescripción de contenidos visuales (vídeo, televisión...).

– Personas con discapacidad auditiva:

- Bucles magnéticos: dispositivos que envían la señal de audio directamente al audífono de la persona.

- Subtitulado de los recursos audiovisuales, como vídeos.

2.2.3. Accesibilidad en la web

El acceso a internet ofrece múltiples oportunidades de comunicación y acceso a la información a las personas con discapacidad. Sin embargo, un diseño inadecuado puede suponer una barrera a la accesibilidad. Por ello, la creación de sitios web debe guiarse por el «diseño universal» o «diseño para todos».

Se entiende que «una página o sitio web es accesible cuando está diseñado y codificado de forma que sus contenidos y servicios estén disponibles para cualquier persona, con independencia de su contexto de navegación».

En España, la Ley 34/2002, de 11 de julio, de servicios de la sociedad de la información y de comercio electrónico (LSSICE), señala lo siguiente en relación a la accesibilidad a la información proporcionada por medios electrónicos para las personas con discapacidad y de edad avanzada:

– «Las Administraciones públicas adoptarán las medidas necesarias para que la información disponible en sus respectivas páginas de Internet pueda ser accesible a personas con discapacidad y de edad avanzada (...)».

– «Se promoverá la adopción de normas de accesibilidad por los prestadores de servicios y los fabricantes de equipos y *software*, para facilitar el acceso de las personas con discapacidad o de edad avanzada a los contenidos digitales».

– «Las Administraciones públicas promoverán medidas de sensibilización, educación y formación sobre accesibilidad con objeto de promover que los titulares de otras páginas de internet incorporen progresivamente los criterios de accesibilidad».

La iniciativa de accesibilidad web (en inglés, WAI - *Web Accessibility Initiative*) es una rama del World Wide Web Consortium (W3C), que desarrolla pautas para velar por la accesibilidad de la web.

Las normas de accesibilidad publicadas por la WAI son conocidas como WCAG (*Web Content Accessibility Guidelines*) y se basan en cuatro principios:

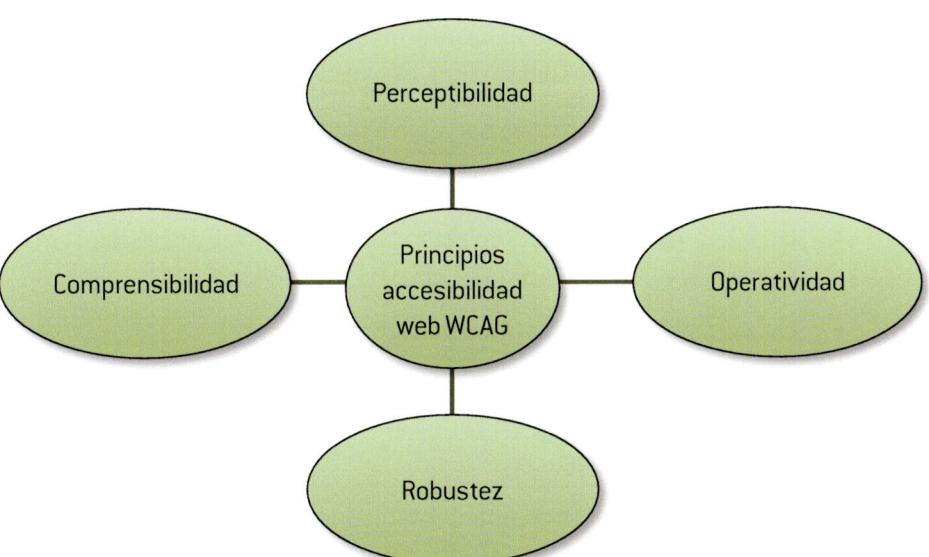

– **Principio 1**. Perceptibilidad: la información y los componentes de la interfaz de usuario deben ser mostrados a los usuarios en formas que ellos puedan entender.

• Proporcionar texto alternativo para el contenido que no sea textual, así podrá ser transformado en otros formatos (caracteres grandes, lenguaje braille, símbolos, lenguaje más simple, etcétera).

- Proporcionar alternativas sincronizadas para contenidos multimedia sincronizados dependientes del tiempo.

- Contenido adaptable que pueda ser presentado de diferentes formas (sin perder ni información ni estructura).

- Contenido fácilmente distinguible, favoreciendo que las personas puedan ver y escuchar el contenido, diferenciando entre lo más y menos importante.

- **Principio 2**. Operatividad: los componentes de la interfaz de usuario y la navegación deben ser manejables.

  - Todas las funciones deben poderse controlar desde el teclado.

  - Proporcionar tiempo suficiente a las personas para leer y utilizar el contenido.

  - No diseñar contenido que pueda causar ataques epilépticos.

  - Proporcionar ayudas para la navegación, la búsqueda de contenido y la orientación en el sitio web.

- **Principio 3**. Comprensibilidad: la información y las operaciones de usuarios deben ser comprensibles.

  - El contenido de texto debe ser legible y comprensible.

  - Si el contenido es complejo, debe acompañarse de ilustraciones o gráficos.

  - Hacer la apariencia y la utilización las páginas web previsibles, manteniendo constantes la apariencia y la operatividad.

  - Se dará asistencia, evitarán y corregirán errores.

- **Principio 4**. Robustez: el contenido deber ser robusto para que pueda ser bien interpretado por una gran variedad de agentes de usuario (incluyendo tecnologías de asistencia).

  - Se debe maximizar la compatibilidad con los agentes de usuario.

2.3. Acceso al conocimiento

Las personas con discapacidad pueden encontrar dificultades a la hora de acceder al conocimiento (recabar, recibir y comprender información) por diversos motivos. Una de las principales barreras para acceder al conocimiento es la falta de materiales adaptados a las características y necesidades de las personas con discapacidad.

El acceso a la información y al conocimiento se realiza habitualmente a través de libros, documentos, páginas web, etc. Estos materiales deben ser accesibles, fácilmente percibidos y comprendidos por las personas con discapacidad.

2.3.1. Concepto de lectura fácil y elaboración de documentos

La documentación impresa sigue siendo uno de los medios más utilizados para transmitir información, aunque, en algunos casos, pueden ser poco accesibles para las personas con discapacidad.

El concepto de lectura fácil se aplica a aquellos documentos y materiales escritos bajo una serie de pautas y directrices que favorecen su lectura y comprensión por personas que presentan dificultades, discapacidades o competencias lingüísticas limitadas.

La lectura fácil se dirige tanto a personas que tienen dificultades lectoras (permanentes o transitorias) como a personas con discapacidad intelectual, personas que no conocen un idioma, nuevos lectores adultos, personas con trastornos del aprendizaje, etcétera.

A continuación, se exponen las principales directrices para elaborar documentos de lectura fácil:

- Pautas relacionadas con el lenguaje y el contenido:
  - El vocabulario y lenguaje utilizados deben ser sencillos, concretos y claros.
  - Es recomendable evitar oraciones excesivamente largas y que engloben más de una idea.
  - No incluir párrafos excesivamente largos (6-8 líneas).
  - Evitar el lenguaje abstracto, figurativo o metafórico.
  - Evitar el uso de abreviaturas o acrónimos. Si se incluyen, explicar su significado.
  - Emplear preferentemente la voz activa frente a la pasiva.
  - Utilizar un lenguaje adulto, pero evitar términos muy complejos o poco comunes.
  - Adaptar el grado de dificultad del contenido a las características de los lectores.
  - No asumir que existen conocimientos previos sobre el tema.

- Acompañar el texto de información gráfica para hacerlo más comprensible (fotografías, gráficos, imágenes, pictogramas, ilustraciones, etcétera).

– Pautas relacionadas con el diseño, papel y tipografía:

- La estructura del documento debe ser simple y clara.

- El diseño debe ser sencillo.

- Utilizar papel mate, opaco, no deslizante, liso y de color claro.

- El contraste entre el color del papel y la letra debe ser suficiente para distinguir los elementos con claridad. Para ello, se recomienda utilizar un fondo liso y claro y letra negra.

- No incluir demasiada información en una sola página.

- El tamaño de la letra debe ser adecuado (mínimo 12).

- Elegir una fuente legible.

- Utilizar negrita o subrayado para resaltar ideas.

- Interlineado ancho.

RESUMEN

- Para favorecer la accesibilidad en los entornos laborales, es fundamental la utilización de ayudas técnicas y adaptación de equipos de trabajo que faciliten el acceso a la comunicación, a las tecnologías de la información y al conocimiento.

- Una ayuda técnica es cualquier equipo, objeto o sistema que se permite aumentar o mejorar las capacidades funcionales de las personas con discapacidad, compensando la falta de destreza y/o transfiriendo destrezas hacia otras partes del cuerpo.

- Las ayudas técnicas pueden ser alternativas, aumentativas o sustitutivas.

- La Organización Internacional para la Estandarización (ISO) propuso la clasificación ISO-9999 para agrupar los productos de apoyo disponibles para las personas con diversidad funcional.

- Las tecnologías de la información y comunicación (TIC) deben ser utilizadas para favorecer la integración de las personas con discapacidad y no suponer una barrera que limite sus posibilidades de comunicación y acceso a la información. Para ello, existen numerosos productos de apoyo que favorecen su uso.

- Los principales obstáculos que las personas con discapacidad pueden encontrar a la hora de utilizar equipos informáticos son los relacionados con el teclado, el ratón, la pantalla de visualización y el *software*. Actualmente, existen ayudas técnicas y productos de apoyo que permiten superar estas dificultades.

- Para el acceso a los medios audiovisuales puede ser necesaria la puesta en marcha de adaptaciones como: reproductores de audio especiales, lupas electrónicas, lectores autónomos, sistemas de audiodescripción de contenidos visuales, bucles magnéticos, subtitulado de los recursos audiovisuales, etcétera.

- Se entiende que una página o sitio web es accesible cuando está diseñado y codificado de forma que sus contenidos y servicios estén disponibles para cualquier persona, con independencia de su contexto de navegación.

- Las normas de accesibilidad web conocidas como WCAG son: perceptibilidad, operatividad, comprensibilidad y robustez.

– El concepto de lectura fácil se aplica a aquellos documentos y materiales escritos bajo una serie de pautas y directrices que favorecen su lectura y comprensión por personas que presentan dificultades, discapacidades o competencias lingüísticas limitadas.

ACTIVIDADES DE AUTOEVALUACIÓN

2.1. ¿Cómo se denominan las ayudas que mejoran la productividad en una determinada tarea o complementan la falta de destrezas de las personas?

a) Ayudas alternativas.

b) Ayudas aumentativas.

c) Ayudas sustitutivas.

2.2. Los teclados con letras de gran tamaño en diferentes colores son una ayuda técnica para las personas con...

a) Discapacidad física.

b) Discapacidad sensorial.

c) Discapacidad intelectual.

2.3. Un teclado virtual o teclado en pantalla es una ayuda técnica para las personas con...

a) Discapacidad física.

b) Discapacidad sensorial.

c) Discapacidad intelectual.

2.4. ¿Qué personas se benefician de los libros en formato DAISY?

a) Personas con discapacidad física.

b) Personas con discapacidad intelectual.

c) Personas con discapacidad visual.

2.5. ¿Qué principio WCAG de accesibilidad web está relacionado con facilitar a las personas el tiempo suficiente para leer y utilizar el contenido de la web?

a) Operatividad.

b) Perceptibilidad.

c) Comprensibilidad.

ACTIVIDADES DE APLICACIÓN

2.1. Completa las siguientes frases:

a. Las ayudas _____ son aquellas que mejoran la productividad en una determinada tarea o complementan la falta de destrezas de las personas.

b. Las ayudas _____ son aquellas que suponen un método o herramienta alternativa que la persona con discapacidad puede utilizar para lograr un determinado fin.

c. Las ayudas _____ son aquellas que reemplazan el uso de una funcionalidad afectada debido la discapacidad por otras que no están afectadas.

2.2. En una web de noticias se informa sobre el último discurso del presidente de una comunidad autónoma. Se facilita un enlace a una transcripción del discurso y un fichero de audio que reproduce el discurso.

¿A qué principio de accesibilidad web hace referencia el anterior ejemplo?

CASO PRÁCTICO

Adaptación a lectura fácil de un manual de bienvenida

Contexto:

La empresa en la que trabajas como preparador laboral ha decidido implementar medidas inclusivas para acoger a nuevos empleados con diversas capacidades. Uno de sus primeros pasos es adaptar su manual de bienvenida a lectura fácil para asegurar que todos los nuevos trabajadores, incluyendo aquellos con dificultades de comprensión lectora o discapacidades cognitivas, puedan entender claramente la información esencial sobre la empresa, sus políticas y procedimientos.

Actividad:

Realiza una búsqueda en internet y localiza un manual de bienvenida (de aproximadamente veinte páginas, con información sobre la misión y visión de la empresa, políticas de recursos humanos, normas de seguridad, procedimientos de emergencia, beneficios para empleados, entre otras cuestiones). Una vez seleccionado el manual, revisa el contenido original y analiza:

- Identifica los elementos clave:
  - Selecciona los puntos más importantes que deben incluirse en la versión de lectura fácil, manteniendo la esencia del contenido, pero simplificando el lenguaje y la presentación.

- Adapta el lenguaje:
  - Reescribe los textos utilizando un lenguaje claro y sencillo. Incluye frases cortas, palabras comunes y evitar el uso de jerga técnica o acrónimos sin explicación.

- Añade elementos visuales:
  - Incorpora imágenes, pictogramas y gráficos que ayuden a ilustrar y complementar el texto, facilitando la comprensión.

- Organiza el documento:
  - Estructura el documento de manera lógica y coherente, con un índice claro, secciones bien definidas y encabezados descriptivos.

- Valida la adaptación:
  - Revisa la versión adaptada con un grupo de prueba que incluya personas con discapacidades cognitivas o dificultades de comprensión lectora, recogiendo su *feedback* y realizando ajustes necesarios.

Preguntas:

- ¿Qué secciones del manual de bienvenida consideras esenciales para incluir en la versión de lectura fácil?

- Proporciona un ejemplo de cómo adaptarías un párrafo complejo del manual a un formato de lectura fácil.

- ¿Qué tipos de elementos visuales serían más efectivos para acompañar el texto en la versión de lectura fácil?

- ¿Cómo estructurarías la revisión y validación del manual adaptado para asegurar que sea realmente accesible para el público objetivo?

- Describe el proceso que seguirías para incorporar el *feedback* recibido del grupo de prueba en la versión final del manual adaptado.

GLOSARIO

- **Accesibilidad web:** conjunto de prácticas y principios de diseño y desarrollo web que aseguran que personas con diversas discapacidades puedan navegar, interactuar y comprender los contenidos y servicios disponibles en internet.

- **Ayudas alternativas:** dispositivos o recursos que se utilizan para suplir una función o actividad que una persona no puede realizar debido a una discapacidad, permitiendo realizar dicha actividad de manera diferente.

- **Ayudas aumentativas:** herramientas y tecnologías que complementan y mejoran las habilidades existentes de una persona con discapacidad, facilitando la comunicación, movilidad o interacción con el entorno.

- **Ayudas sustitutivas:** tecnologías y/o dispositivos que reemplazan una función perdida o inexistente en una persona con discapacidad, permitiendo realizar actividades que de otro modo no serían posibles.

- **DAISY *(Digital Accessible Information System)*:** formato digital de libros y otros materiales de lectura diseñado para ser accesible a personas con discapacidad visual y otras dificultades de lectura, proporcionando características como navegación estructurada, audio sincronizado y texto ampliable.

- **Lector autónomo:** dispositivo o software que permite a personas con discapacidad visual o dificultades de lectura acceder a texto impreso o digital mediante la conversión del texto a voz o a un formato accesible.

- **Lectura fácil:** adaptación de textos para que sean más comprensibles para personas con dificultades de comprensión lectora, utilizando un lenguaje claro, sencillo y acompañado de elementos visuales que faciliten la comprensión.

- **Productos de apoyo:** dispositivos, equipos y tecnologías diseñadas para asistir a personas con discapacidad en la realización de tareas cotidianas, mejorando su autonomía, calidad de vida y participación en la sociedad.

MAPA CONCEPTUAL

ESTRATEGIAS DE PROMOCIÓN DE LA ACCESIBILIDAD EN ENTORNOS LABORALES		
AYUDAS TÉCNICAS Y ADAPTACIÓN DE EQUIPOS DE TRABAJO	**ACCESO A LA COMUNICACIÓN Y A LAS TECNOLOGÍAS DE LA INFORMACIÓN**	**ACCESO AL CONOCIMIENTO**
– Ayudas alternativas. – Ayudas aumentativas. – Ayudas sustitutivas.	– Acceso a equipos informáticos. – Acceso a medios audiovisuales. – Accesibilidad en la web.	– Adaptación de documentos a lectura fácil.

3. Normativa de seguridad e higiene en entornos laborales y prevención de riesgos laborales

Contenido

La normativa de prevención de riesgos laborales (PRL) reconoce el derecho de los trabajadores en el ámbito laboral a la protección de su salud e integridad y, por ello, establece las medidas que se deben adoptar para asegurar un adecuado nivel de protección de la seguridad de los trabajadores frente a los riesgos derivados de las condiciones de trabajo.

En el caso de los trabajadores con discapacidad, estos pueden presentar una serie de características que les hagan más vulnerables ante determinadas situaciones de riesgo (condiciones de trabajo, organización del trabajo, tiempos de exposición a determinados agentes físicos, biológicos o químicas, etcétera).

Algunos conceptos clave desarrollados en la Ley 31/1995, de 8 de noviembre, de Prevención de Riesgos Laborales son:

- Prevención: es el conjunto de actividades o medidas adoptadas o previstas en todas las fases de actividad de la empresa con el fin de evitar o disminuir los riesgos derivados del trabajo.

- Riesgo laboral: es la posibilidad de que un trabajador sufra un determinado daño derivado del trabajo. Para calificar un riesgo desde el punto de vista de su gravedad, se valorarán conjuntamente la probabilidad de que se produzca el daño y la severidad del mismo.

- Daños derivados del trabajo: enfermedades, patologías o lesiones sufridas con motivo u ocasión del trabajo.

- Riesgo laboral grave e inminente: aquel riesgo que resulte probable racionalmente que se materialice en un futuro inmediato y pueda suponer un daño grave para la salud de los trabajadores.

- Equipo de trabajo: cualquier máquina, aparato, instrumento o instalación utilizada en el trabajo.

- Equipo de protección individual: cualquier equipo destinado a ser llevado o sujetado por el trabajador para que le proteja de uno o varios riesgos que puedan amenazar su seguridad o su salud en el trabajo, así como cualquier complemento o accesorio destinado a tal fin.

- Condición de trabajo: cualquier característica del trabajo que pueda tener una influencia significativa en la generación de riesgos para la seguridad y la salud del trabajador. Quedan específicamente incluidas en esta definición:

- Las características generales de los locales, instalaciones, equipos, productos y demás útiles existentes en el centro de trabajo.

- La naturaleza de los agentes físicos, químicos y biológicos presentes en el ambiente de trabajo y sus correspondientes intensidades, concentraciones o niveles de presencia.

- Los procedimientos para la utilización de los agentes citados anteriormente que influyan en la generación de los riesgos mencionados.

- Todas aquellas otras características del trabajo, incluidas las relativas a su organización y ordenación, que influyan en la magnitud de los riesgos a que esté expuesto el trabajador.

3.1. Normativa básica de prevención de riesgos laborales

La Ley 31/1995, de 8 de noviembre, de Prevención de Riesgos Laborales (LPRL) es la normativa básica que regula en España la PRL. Esta ley tiene como principal objeto promover la seguridad y la salud de los trabajadores mediante la aplicación de medidas y el desarrollo de las actividades necesarias para la prevención de riesgos derivados del trabajo.

El artículo 15 de la LPRL señala los principios de la acción preventiva. Se establece que el empresario debe aplicar las medidas de prevención con arreglo a los siguientes principios generales:

- Evitar los riesgos.

- Evaluar los riesgos que no se puedan evitar.

- Combatir los riesgos en su origen.

- Adaptar el trabajo a la persona, en particular en lo que respecta a la concepción de los puestos de trabajo, así como a la elección de los equipos y los métodos de trabajo y de producción, con miras, en particular, a atenuar el trabajo monótono y repetitivo y a reducir los efectos del mismo en la salud.

- Tener en cuenta la evolución de la técnica.

- Sustituir lo peligroso por lo que entrañe poco o ningún peligro.

- Planificar la prevención, buscando un conjunto coherente que integre en ella la técnica, la organización del trabajo, las condiciones de trabajo, las relaciones sociales y la influencia de los factores ambientales en el trabajo.

- Adoptar medidas que antepongan la protección colectiva a la individual.

- Dar las debidas instrucciones a los trabajadores.

La ley de PRL establece las siguientes obligaciones, tanto para el empresario como para el trabajador:

Obligaciones del empresario
Adoptar un modelo de organización preventiva en la empresa
La prevención de riesgos se llevará a cabo en la empresa, a través de una o varias de las siguientes modalidades: – Asumiéndola el propio empresario. – Mediante trabajadores designados. – A través de uno o varios servicios de prevención ajenos. – Constituyendo un servicio de prevención propio.
Elaborar un plan de prevención de riesgos laborales
Debe elaborarse e implantarse un plan de prevención de riesgos laborales, que incluya, al menos, los siguientes elementos: – Identificación de la empresa, de su actividad productiva, el número y características de los centros de trabajo y el número de trabajadores y sus características con relevancia en la prevención de riesgos laborales. – Estructura organizativa de la empresa, identificando las funciones y responsabilidades que asume cada uno de sus niveles jerárquicos y los respectivos cauces de comunicación entre ellos, en relación con la prevención de riesgos laborales. – Organización de la producción en cuanto a la identificación de los distintos procesos técnicos y las prácticas y los procedimientos organizativos existentes en la empresa, en relación con la prevención de riesgos laborales. – Organización de la prevención en la empresa, indicando la modalidad preventiva elegida y los órganos de representación existentes. – Política, los objetivos y metas que en materia preventiva pretende alcanzar la empresa, así como los recursos humanos, técnicos, materiales y económicos de los que va a disponer al efecto. *(Las empresas de menos de cincuenta trabajadores que no desarrollen actividades peligrosas podrán reflejar en un único documento el plan de prevención de riesgos laborales, la evaluación de riesgos y la planificación de la actividad preventiva).*

Obligaciones del empresario

Evaluar los riesgos y planificar la prevención

Debe realizarse la evaluación de riesgos y la planificación de la actividad preventiva. Este plan de prevención de riesgos laborales debe incluir la estructura organizativa, las responsabilidades, las funciones, las prácticas, los procedimientos, los procesos y los recursos necesarios para realizar la acción de prevención de riesgos en la empresa, en los términos que reglamentariamente se establezcan.

Formar e informar a los trabajadores

El empresario adoptará las medidas adecuadas para que los trabajadores reciban la información necesaria en relación con:

- Los riesgos para la seguridad y la salud de los trabajadores en el trabajo, tanto aquellos que afecten a la empresa en su conjunto como a cada tipo de puesto de trabajo o función.

- Las medidas y actividades de protección y prevención aplicables a los riesgos señalados en el apartado anterior.

- Las medidas adoptadas.

En cuanto a la formación, el empresario debe garantizar que cada trabajador reciba una formación teórica y práctica en materia preventiva, tanto en el momento de su contratación, cualquiera que sea la modalidad o duración de esta, como cuando se produzcan cambios en las funciones que desempeñe o se introduzcan nuevas tecnologías o cambios en los equipos de trabajo.

Consulta y participación de los trabajadores

El empresario debe consultar con los trabajadores o sus representantes todas las cuestiones que afecten a su seguridad y salud en el trabajo, permitiendo su participación.

Vigilar la salud de los trabajadores

El empresario garantizará a los trabajadores a su servicio la vigilancia periódica de su estado de salud en función de los riesgos inherentes al trabajo.

Esta vigilancia tiene carácter voluntario salvo en los casos en los que la realización de los reconocimientos sea imprescindible para evaluar los efectos de las condiciones de trabajo sobre la salud de los trabajadores o para verificar si el estado de salud del trabajador puede constituir un peligro para el mismo, para los demás trabajadores o para otras personas relacionadas con la empresa o cuando así esté establecido en una disposición legal en relación con la protección de riesgos específicos y actividades de especial peligrosidad.

Obligaciones del empresario
Coordinar las actividades empresariales
Cuando en un mismo centro de trabajo desarrollen actividades trabajadores de dos o más empresas, estas deberán cooperar en la aplicación de la normativa sobre prevención de riesgos laborales, estableciéndose los medios de coordinación necesarios.
Adoptar medidas en caso de emergencia
El empresario debe analizar las posibles situaciones de emergencia y adoptar las medidas necesarias en materia de: – Primeros auxilios. – Lucha contra incendios. – Evacuación de los trabajadores y otros afectados.
Investigar los daños para la salud (accidentes de trabajo y enfermedades profesionales)
Cuando se haya producido un daño para la salud de los trabajadores o cuando aparezcan indicios de que las medidas de prevención resultan insuficientes, el empresario llevará a cabo una investigación al respecto, a fin de detectar las causas de estos hechos.
Documentar las actividades preventivas
Es necesario elaborar y conservar a disposición de las autoridades la documentación relativa a la gestión de la prevención.
Proteger a los colectivos de riesgo
Se deberán adoptar medidas específicas de prevención y/o protección, especialmente para: – La maternidad. – Los jóvenes menores de dieciocho años. – Los trabajadores especialmente sensibles a determinados riesgos. El empresario garantizará de manera específica la protección de los trabajadores que, por sus propias características personales o estado biológico conocido, incluidos aquellos que tengan reconocida la <u>situación de discapacidad física, psíquica o sensorial</u>, sean especialmente sensibles a los riesgos derivados del trabajo. A tal fin, deberá tener en cuenta dichos aspectos en las evaluaciones de los riesgos y, en función de estas, adoptará las medidas preventivas y de protección necesarias.

Los trabajadores no serán empleados en aquellos puestos de trabajo en los que, a causa de sus características personales, estado biológico o por su <u>discapacidad física, psíquica o sensorial</u> debidamente reconocida, puedan ellos, los demás trabajadores u otras personas relacionadas con la empresa ponerse en situación de peligro o, en general, cuando se encuentren manifiestamente en estados o situaciones transitorias que no respondan a las exigencias psicofísicas de los respectivos puestos de trabajo.

Obligaciones de los trabajadores
Usar adecuadamente las máquinas, aparatos, herramientas, sustancias peligrosas, equipos de transporte y, en general, cualesquiera otros medios con los que desarrollen su actividad.
Utilizar correctamente los medios y equipos de protección facilitados por el empresario, de acuerdo con las instrucciones recibidas de este.
No poner fuera de funcionamiento y utilizar correctamente los dispositivos de seguridad existentes en los lugares de trabajo.
Informar de inmediato a su superior jerárquico directo, y a los trabajadores designados para realizar actividades de protección y de prevención o, en su caso, al servicio de prevención, acerca de cualquier situación que, a su juicio, entrañe, por motivos razonables, un riesgo para la seguridad y la salud de los trabajadores.
Contribuir al cumplimiento de las obligaciones establecidas por la autoridad competente con el fin de proteger la seguridad y la salud de los trabajadores en el trabajo.
Cooperar con el empresario para que este pueda garantizar unas condiciones de trabajo que sean seguras y no entrañen riesgos para la seguridad y la salud de los trabajadores.

3.2. Detección y prevención de riesgos laborales

La acción preventiva de la empresa debe planificarse a partir de una evaluación inicial de los riesgos para la seguridad y la salud de los trabajadores, que se realizará, con carácter general, teniendo en cuenta la naturaleza de la actividad, y la relación con aquellos que estén expuestos a riesgos especiales.

La evaluación de riesgos tiene como objetivo analizar las condiciones de trabajo para comprobar que no existen de ellas circunstancias que puedan afectar negativamente a la seguridad y salud de los trabajadores y, en el caso de que existan tales circunstancias, obtener la información precisa que permita adoptar las medidas necesarias para contrarrestarlas.

Si los resultados de la evaluación lo hicieran necesario, el empresario debe realizar las actividades de prevención que garanticen un mayor nivel de protección de la seguridad y salud de los trabajadores.

Los principales riesgos laborales son:

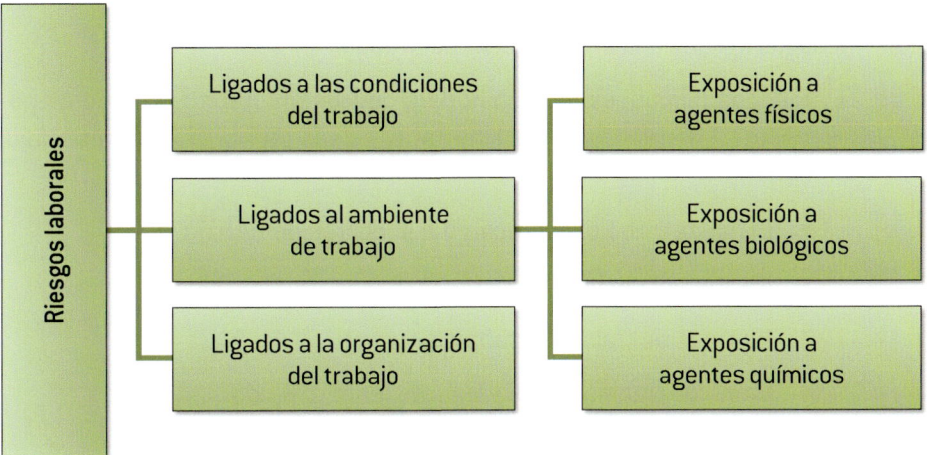

- Riesgos ligados a las condiciones de seguridad en el trabajo:
  - Caídas al mismo nivel.
  - Caídas a distinto nivel.
  - Caídas de objetos en manipulación.
  - Sobreesfuerzos en la manipulación de objetos.
  - Golpes contra objetos.
  - Cortes con objetos.
  - Atrapamientos.
  - Contactos térmicos.
  - Riesgo eléctrico.
  - Riesgo de incendio.
- Riesgos ligados al medio ambiente de trabajo:
  - Exposición laboral a agentes físicos.
    - Ruido.

- Iluminación.

- Vibraciones.

- Radiaciones.

- Exposición al frío y al calor.

• Exposición laboral a agentes biológicos.

• Exposición laboral a agentes químicos.

− Riesgos ligados a la organización del trabajo:

• Riesgos psicosociales (ansiedad, depresión, hábitos nocivos, apatía, etc.) derivados de características de la organización del trabajo, como:

- Carga de trabajo: sobrecarga o subcarga de trabajo.

- Insatisfacción laboral.

- Horarios de trabajo y trabajo a turnos.

- Ritmo de trabajo excesivamente lento o rápido.

- Automatización de la producción.

- Deficiente comunicación y relaciones personales.

- Estilo de mando.

- Falta de definición de la estructura empresarial.

- Contenido del trabajo: tareas monótonas, repetitivas, excesiva o escasa responsabilidad, falta de ajuste con las competencias y habilidades del trabajador, etcétera).

- Posibilidad de promoción.

- Autonomía en el trabajo.

3.2.1. Técnicas, medidas y equipos de prevención

Existen dos tipos de técnicas complementarias: las técnicas de prevención y las técnicas de protección.

TÉCNICAS DE PREVENCIÓN

Las técnicas de prevención son aquellas técnicas que actúan directamente sobre los riesgos antes de que puedan producir daños para la salud de los trabajadores. Es decir, estas técnicas están encaminadas a disminuir la probabilidad y frecuencia de aparición del riesgo y no a trabajar sobre sus consecuencias.

Las actuaciones preventivas son de dos tipos:

- Actuaciones preventivas de tipo material:

  • Ergonomía: disciplina que estudia la adecuación entre las capacidades de las personas y las exigencias físicas y psíquicas de los puestos de trabajo. Existen métodos de adaptación ergonómica de puestos de trabajo para personas con discapacidad, como ErgoDis-IBV, desarrollado por el Instituto de Biomecánica de Valencia.

  • Higiene industrial: disciplina que identifica, evalúa y controla las concentraciones de los diferentes contaminantes (físicos, químicos o biológicos) en los puestos de trabajo.

  • Seguridad en el trabajo: disciplina que estudia los riesgos y condiciones materiales relacionadas con el trabajo (maquinaria, equipos, instalaciones, etc.), que podrían afectar a la integridad física de los trabajadores (accidente de trabajo).

  • Psicosociología laboral: especialidad de la psicología que analiza las condiciones que afectan al comportamiento del trabajador y a su interacción social dentro del proceso de trabajo (organización del trabajo, carga mental, relaciones laborales, tiempo de trabajo, horarios y turnos, descansos, ritmo de trabajo, etcétera).

  • Medicina del trabajo: disciplina encargada del estudio y tratamiento de las enfermedades profesionales y los accidentes de trabajo.

- Actuaciones de formación e información de los trabajadores.

TÉCNICAS DE PROTECCIÓN

Las técnicas de protección son aquellas técnicas que actúan sobre las consecuencias de los riesgos laborales, con el objetivo de minimizar o eliminar sus efectos. Es decir, este tipo de técnicas no elimina el riesgo, sino que reduce o controlan sus consecuencias.

Existen dos tipos de técnicas de protección:

- Técnicas de protección colectiva: son las técnicas que protegen de manera general a todos los trabajadores (barandillas de seguridad, barreras de protección acústica, sistemas de ventilación, vallado de zonas de trabajo, protecciones en máquinas y equipos de trabajo, etcétera).

- Técnicas de protección individual: son las equipos de protección individual (EPI) que protegen a un trabajador de manera individual. Los EPI pueden clasificarse de la siguiente manera:

  - Equipos para proteger la cabeza:

    - Cascos de protección del cráneo.

    - Protectores de ojos y cara.
      - ✓ Pantallas.
      - ✓ Viseras.
      - ✓ Gafas.

    - Protectores del oído.
      - ✓ Orejeras.
      - ✓ Tapones.

    - Protectores de las vías respiratorias.
      - ✓ Filtros (mascarillas y máscaras).
      - ✓ Escafandra.
      - ✓ Máscara de oxígeno.
      - ✓ Equipo de respiración autónoma.
      - ✓ Equipo de respiración asistida.

  - Equipos para proteger los miembros superiores:

    - Guantes aislantes.

    - Guantes ignífugos.

    - Guantes de protección mecánica.

    - Coderas.

    - Muñequeras.

  - Equipos para proteger los miembros inferiores:

    - Calzado de seguridad.

    - Calzado de protección.

    - Calzado de trabajo.

    - Rodilleras.

- Tobilleras.
- Suspensorios.

• Equipos para proteger el tronco y cuerpo:

- Cinturón de seguridad.
- Ropa de protección.
- Equipos completos.
- Protección contra descargas eléctricas.

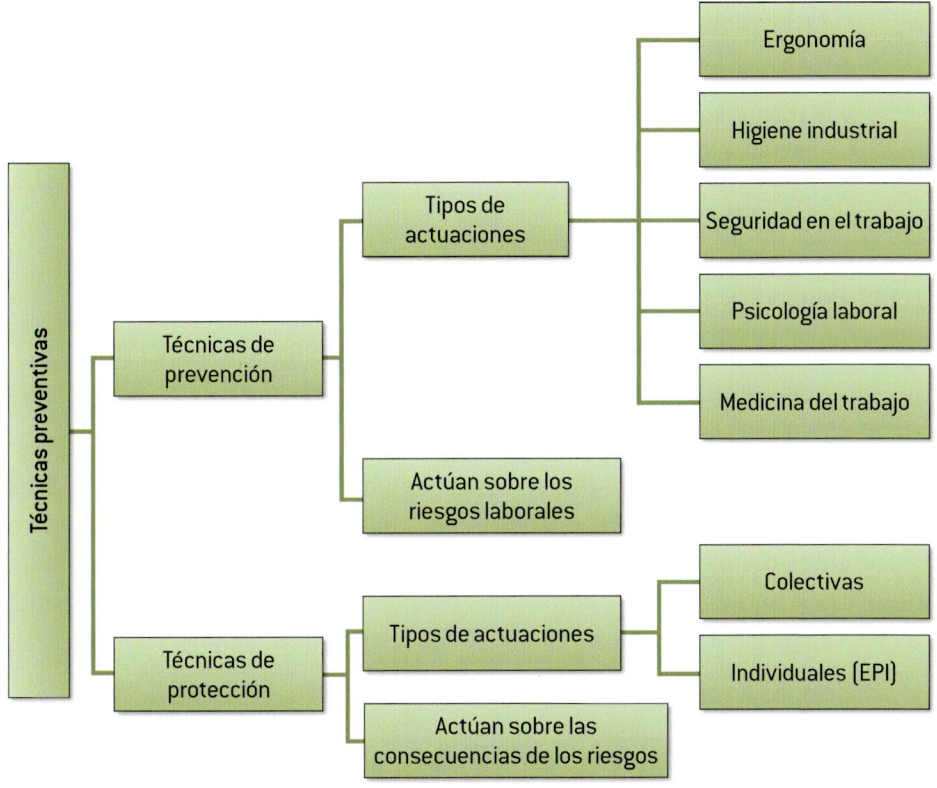

3.3. Afrontamiento de situaciones de riesgo en el entorno laboral

Los planes de emergencia constituyen el último de recurso al que se debe acudir cuando las medidas de prevención y protección previstas contra los riesgos han resultado insuficientes, existiendo una situación de riesgo grave e inminente.

La Ley 31/1995 de Prevención de Riesgos Laborales incluye la obligación de considerar las circunstancias que pueden dar lugar a una situación de emergencia y tener previstas las actuaciones para controlarla y/o minimizar sus consecuencias.

En el artículo 21 de la LPRL se recogen las siguientes consideraciones en relación a las situaciones de riesgo grave e inminente en el trabajo:

- El empresario está obligado a informar lo antes posible a todos los trabajadores afectados acerca de la existencia de dicho riesgo y de las medidas que se van a adoptar.

- El empresario está obligado a adoptar las medidas y dar las instrucciones necesarias para que los trabajadores puedan interrumpir su actividad y, si fuera necesario, abandonar de inmediato el lugar de trabajo.

- El empresario está obligado a disponer lo necesario para que el trabajador que no pudiera ponerse en contacto con su superior jerárquico, ante una situación de peligro grave e inminente, esté en condiciones de adoptar las medidas necesarias para evitar las consecuencias de dicho peligro.

3.3.1. Protocolos de actuación

Las situaciones de emergencia en los lugares de trabajo pueden ser muy variadas: incendios, explosiones, fugas o derrames de productos tóxicos, actos de terrorismo, catástrofes naturales, etcétera.

Las consecuencias den las situaciones de emergencia pueden ser muy graves como muerte o lesiones severas de las personas, contaminación ambiental o importantes daños en las instalaciones. Por ello, es necesario disponer de un protocolo de actuación ante situaciones de emergencia para actuar de la manera más rápida y eficaz posible, minimizando los posibles riesgos y daños.

En situaciones de emergencia, se deberán realizar dos acciones:

1. Clasificar la situación de emergencia:

   - Conato de emergencia: accidente que puede ser controlado y dominado de forma sencilla y rápida por el personal y medios de protección propios.

   - Emergencia parcial: accidente que para ser dominado requiere la actuación de equipos de emergencias del sector. Sus efectos se limitan al sector o a la zona, sin afectar a los sectores colindantes ni a terceras personas.

   - Emergencia general: accidente que precisa de la intervención de todos los equipos y medios de protección, así como de ayuda exterior. Implica la evacuación de personas de determinados sectores.

2. Activar el correspondiente protocolo de actuación. Los protocolos de actuación en situaciones de emergencia deben recoger información relativa a:

- Qué persona u organismo debe ser avisada y a través de qué medios.

- Comunicación a los servicios de emergencia.

- Acciones específicas ante diferentes situaciones (incendio, accidente, etcétera).

- Plan de evacuación.

3.3.2. Formación básica en primeros auxilios

Los primeros auxilios son los cuidados que se efectúan a una persona lesionada o accidentada hasta que pueda ser atendida por personal sanitario, con el objetivo de no agravar su estado de salud, así como asegurar el traslado en condiciones adecuadas.

El estado y la evolución de los daños o lesiones derivados de un accidente dependen, en gran parte, de la rapidez y de la calidad de los primeros auxilios recibidos. Por tanto, un objetivo prioritario de la empresa ha de ser la organización de los primeros auxilios con los medios humanos y materiales suficientes y adecuados a los riesgos propios de la empresa.

En relación a la organización de los primeros auxilios, la empresa deberá tener en cuenta los siguientes aspectos:

- Designación del personal encargado de poner en práctica las actuaciones de primeros auxilios.

- Formación adecuada del personal.

- Disposición de material adecuado y comprobación periódica del correcto funcionamiento y/o estado del mismo. En el Anexo VI del Real Decreto 486/1997 sobre lugares de trabajo se indican las necesidades de material y locales de primeros auxilios.

- Organización de las relaciones que sean necesarias con servicios externos para garantizar la rapidez y eficacia de las actuaciones.

La formación básica en primeros auxilios que deberán recibir los trabajadores es la relacionada con la conocida como «Conducta PAS» (proteger, alertar, socorrer):

- Proteger: identificar los riesgos y llevar a cabo las actuaciones necesarias para protegerse a uno mismo y a los demás (señalizar el lugar del accidente, desconectar la corriente en caso de descarga eléctrica, etcétera).

– Alertar: dar el aviso a la persona u organismo correspondiente, con el fin de que se activen los recursos adecuados para la asistencia sanitaria más rápida y eficaz.

– Socorrer: para ello, es necesario conocer las técnicas básicas y los protocolos estandarizados de primeros auxilios.

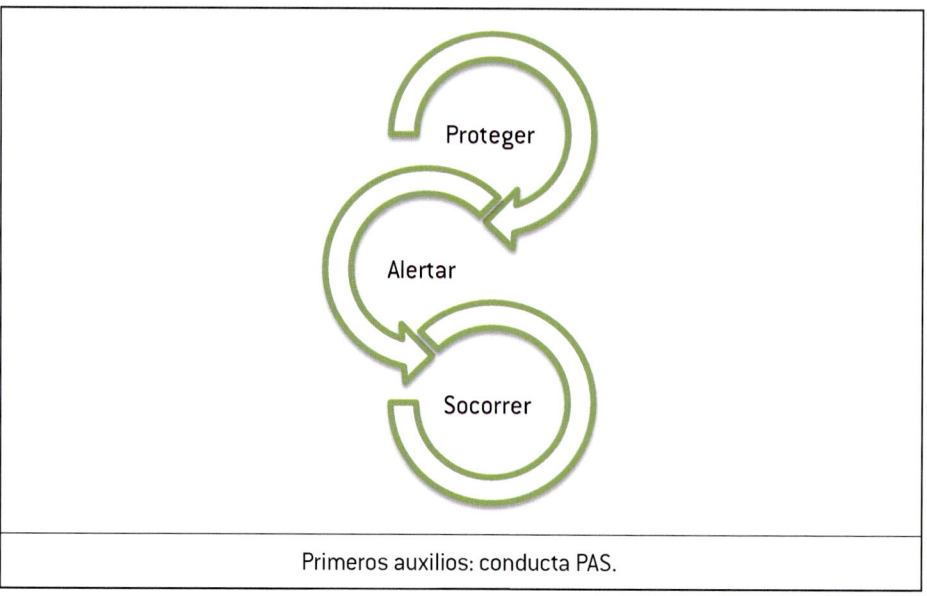

Primeros auxilios: conducta PAS.

RESUMEN

- La normativa de prevención de riesgos laborales (PRL) establece las medidas que se deben adoptar para asegurar un adecuado nivel de protección de la seguridad de los trabajadores frente a los riesgos derivados de las condiciones de trabajo.

- Los trabajadores con discapacidad pueden presentar una serie de características que les hagan más vulnerables ante determinadas situaciones de riesgo (condiciones de trabajo, organización del trabajo, tiempos de exposición a determinados agentes físicos, biológicos o químicas, etcétera).

- La Ley 31/1995, de 8 de noviembre, de Prevención de Riesgos Laborales (LPRL), es la normativa básica que regula en España la PRL.

- Las obligaciones para el empresario que establece la LPRL son: adoptar un modelo de organización preventiva en la empresa, elaborar un plan de prevención de riesgos laborales, evaluar los riesgos y planificar la prevención, formar e informar a los trabajadores, consultar y permitir la participación de los trabajadores, vigilar la salud de los trabajadores, coordinar las actividades empresariales, adoptar medidas en caso de emergencia, investigar los daños para la salud (accidentes de trabajo y enfermedades profesionales), documentar las actividades preventivas y proteger a los colectivos de riesgo.

- Las obligaciones para el trabajador que establece la LPRL son: usar adecuadamente máquinas, herramientas, equipos de protección, etc.; utilizar correctamente los dispositivos de seguridad existentes, informar de inmediato a su superior o persona designada acerca de cualquier riesgo para la seguridad y la salud; contribuir al cumplimiento de las obligaciones establecidas y cooperar con el empresario.

- La evaluación de riesgos tiene como objetivo analizar las condiciones de trabajo para comprobar que no existen de ellas circunstancias que puedan afectar negativamente a la seguridad y salud de los trabajadores.

- Existen dos tipos de técnicas complementarias: las técnicas de prevención y las técnicas de protección.

- Las técnicas de prevención son aquellas técnicas que actúan directamente sobre los riesgos antes de que puedan producir daños para la salud de los trabajadores.

- Las técnicas de protección son aquellas técnicas que actúan sobre las consecuencias de los riesgos laborales, con el objetivo de minimizar o eliminar sus efectos.

- Los primeros auxilios son los cuidados que se efectúan a una persona lesionada o accidentada hasta que pueda ser atendida por personal sanitario, con el objetivo de no agravar su estado de salud, así como asegurar el traslado en condiciones adecuadas.

- La formación básica en primeros auxilios que deberán recibir los trabajadores es la relacionada con la conocida como «Conducta PAS» (proteger, alertar, socorrer).

ACTIVIDADES DE AUTOEVALUACIÓN

3.1. ¿Cómo se denomina la posibilidad de que un trabajador sufra un determinado daño derivado del trabajo?

a) Prevención.

b) Riesgo laboral.

c) Enfermedad profesional.

3.2. Señala cuál de las siguientes opciones no es una obligación del empresario en relación con la prevención de riesgos laborales:

a) Formar a los trabajadores en PRL.

b) Evaluar los riesgos.

c) Utilizar correctamente los equipos de protección individual.

3.3. Un corte con un objeto es un riesgo laboral...

a) Ligado a las condiciones de seguridad en el trabajo.

b) Ligado al medio ambiente de trabajo.

c) Ligado a la organización del trabajo.

3.4. ¿Cómo se denominan las técnicas que actúan directamente sobre los riesgos antes de que puedan producir daños para la salud de los trabajadores?

a) Técnicas de prevención.

b) Técnicas de protección colectiva.

c) Técnicas de protección individual.

3.5. ¿Cuál es la disciplina que identifica, evalúa y controla las concentraciones de los diferentes contaminantes?

a) Ergonomía.

b) Medicina del trabajo.

c) Higiene industrial.

ACTIVIDADES DE APLICACIÓN

3.1. Relaciona cada concepto con su definición:

1. Prevención	a. Posibilidad de que un trabajador sufra un determinado daño derivado del trabajo.
2. Daños derivados del trabajo	b. Riesgo que resulte probable racionalmente que se materialice en un futuro inmediato y pueda suponer un daño grave para la salud de los trabajadores.
3. Riesgo laboral grave e inminente	c. Conjunto de actividades o medidas adoptadas o previstas en todas las fases de actividad de la empresa con el fin de evitar o disminuir los riesgos derivados del trabajo.
4. Riesgo laboral	d. Cualquier máquina, aparato, instrumento o instalación utilizada en el trabajo.
5. Equipo de trabajo	e. Enfermedades, patologías o lesiones sufridas con motivo u ocasión del trabajo.
6. Equipo de protección individual	f. Cualquier equipo destinado a ser llevado o sujetado por el trabajador para que le proteja de uno o varios riesgos que puedan amenazar su seguridad o su salud en el trabajo, así como cualquier complemento o accesorio destinado a tal fin.
7. Condición de trabajo	g. Cualquier característica del trabajo que pueda tener una influencia significativa en la generación de riesgos para la seguridad y la salud del trabajador.

3.2. Señala si las siguientes afirmaciones son verdaderas o falsas en relación con la ley de PRL:

	V	F
a. La prevención de riesgos se llevará a cabo en la empresa, asumiéndola siempre el propio empresario.		

b. El empresario debe facilitar que cada trabajador reciba una formación teórica y práctica en materia preventiva, exclusivamente en el momento de su contratación.		
c. El empresario debe consultar con los trabajadores o sus representantes todas las cuestiones que afecten a su seguridad y salud en el trabajo, permitiendo su participación.		
d. El empresario garantizará a los trabajadores a su servicio la vigilancia periódica de su estado de salud en función de los riesgos inherentes al trabajo. Esta vigilancia es de carácter voluntario.		
e. El trabajador está obligado a cooperar con el empresario para que este pueda garantizar unas condiciones de trabajo que sean seguras y no entrañen riesgos para la seguridad y la salud de los trabajadores.		

3.3. Relaciona cada concepto con su definición:

1. Higiene industrial	a. Disciplina que estudia los riesgos y condiciones materiales relacionadas con el trabajo (maquinaria, equipos, instalaciones, etc.), que podrían afectar a la integridad física de los trabajadores.
2. Ergonomía	b. Especialidad de la psicología que analiza las condiciones que afectan al comportamiento del trabajador y a su interacción social dentro del proceso de trabajo.
3. Psicosociología laboral	c. Disciplina encargada del estudio y tratamiento de las enfermedades profesionales y los accidentes de trabajo.
4. Medicina del trabajo	d. Disciplina que identifica, evalúa y controla las concentraciones de los diferentes contaminantes en los puestos de trabajo.
5. Seguridad en el trabajo	e. Disciplina que estudia la adecuación entre las capacidades de las personas y las exigencias físicas y psíquicas de los puestos de trabajo.

CASO PRÁCTICO

Evaluación de riesgos y plan de prevención

Contexto:

Laura trabaja en una fábrica de ensamblaje de componentes electrónicos y tiene una discapacidad auditiva. Recientemente ha habido varios incidentes menores relacionados con la seguridad, debido a que algunos trabajadores no escuchan las alarmas sonoras en la fábrica.

Actividad:

Realiza una evaluación de riesgos y diseña un plan de prevención que contemple:

- Identificación de los riesgos específicos relacionados con la discapacidad auditiva de Laura.

- Propuestas de medidas de seguridad y adaptación del sistema de alarmas.

- Formación específica en prevención de riesgos laborales para Laura y sus compañeros.

Preguntas:

- ¿Cuáles son los principales riesgos laborales para Laura en su entorno de trabajo actual?

- ¿Qué medidas de seguridad implementarías para mejorar la percepción de las alarmas y alertas en la fábrica?

- ¿Cómo estructurarías una formación en prevención de riesgos laborales que sea accesible y eficaz para Laura y el resto del equipo?

GLOSARIO

- **Condición de trabajo:** cualquier característica del trabajo que pueda tener una influencia significativa en la generación de riesgos para la seguridad y la salud del trabajador.

- **Daños derivados del trabajo:** enfermedades, patologías o lesiones sufridas con motivo u ocasión del trabajo.

- **Equipo de protección individual (EPI):** cualquier equipo destinado a ser llevado o sujetado por el trabajador para que le proteja de uno o varios riesgos que puedan amenazar su seguridad o su salud en el trabajo, así como cualquier complemento o accesorio destinado a tal fin.

- **Equipo de trabajo:** cualquier máquina, aparato, instrumento o instalación utilizada en el trabajo.

- **Prevención:** es el conjunto de actividades o medidas adoptadas o previstas en todas las fases de actividad de la empresa con el fin de evitar o disminuir los riesgos derivados del trabajo.

- **Riesgo laboral:** es la posibilidad de que un trabajador sufra un determinado daño derivado del trabajo. Para calificar un riesgo desde el punto de vista de su gravedad, se valorarán conjuntamente la probabilidad de que se produzca el daño y la severidad de este.

- **Riesgo laboral grave e inminente:** aquel riesgo que resulte probable racionalmente que se materialice en un futuro inmediato y pueda suponer un daño grave para la salud de los trabajadores.

MAPA CONCEPTUAL

NORMATIVA DE SEGURIDAD E HIGIENE EN ENTORNOS LABORALES Y PREVENCIÓN DE RIESGOS LABORALES

NORMATIVA BÁSICA DE PREVENCIÓN DE RIESGOS LABORALES

— Ley 31/1995 de 8 de noviembre, de Prevención de Riesgos Laborales.

RIESGOS LABORALES

— Riesgos ligados a las condiciones de seguridad en el trabajo.

— Riesgos ligados al medio ambiente de trabajo.

— Riesgos ligados a la organización del trabajo.

PREVENCIÓN DE RIESGOS LABORALES

— Técnicas de prevención: ergonomía, higiene industrial, seguridad en el trabajo, psicosociología laboral y medicina del trabajo.

— Técnicas de protección: colectiva e individual.

Bibliografía

Aragall, F. *Accesibilidad en los centros educativos*. Ediciones Cinca, 2010.

Díaz Moliner, R. *Guía Práctica para la prevención de riesgos laborales* (5ª Edición). Editorial Dykinson, 2007.

Gómez Etxebarría, G. *Todo prevención de riesgos laborales*. Editorial Dykinson, 2007.

González Ruíz, A. y González Maestre, D. *Manual para la prevención de riesgos laborales en las oficinas.* Editorial Fundación Confemetal, 2003.

Jiménez Lara, A. *Estado actual de la accesibilidad de las tecnologías de la información y la comunicación (TIC).* Ediciones Cinca, 2011.

Martínez Usero, J. A. y Lara Navarra, P. *La accesibilidad de los contenidos web.* Universitat Oberta de Catalunya (UOC), 2006.

San Alberto Lasarte, M. A. *¿Qué es PRL en la empresa? (Manual básico).* Editorial Vision Net, 2007.

Sánchez Asin, A. *Tecnologías de la información y comunicación para la discapacidad.* Editorial Aljibe, 2004.

VV. AA. *Empleo, orientación laboral y prevención de riesgos laborales.* Editorial MAD, 2010.

VV. AA. *Accesibilidad universal: requisitos de espacios públicos entornos edificados, transporte y comunicación.* Asociación Española de Normalización y Certificación (AENOR), 2010.

Recursos en línea

Manual para un entorno accesible (Ministerio de Trabajo y Asuntos Sociales):
http://sid.usal.es/idocs/F8/FD017241/manualparaunentornoaccesible.pdf

Real Decreto 505/2007, de 20 de abril, por el que se aprueban las condiciones básicas de accesibilidad y no discriminación de las personas con discapacidad para el acceso y utilización de los espacios públicos urbanizados y edificaciones:
http://www.boe.es/boe/dias/2010/03/11/pdfs/BOE-A-2010-4056.pdf

Convención de las Naciones Unidas sobre los Derechos de las Personas con Discapacidad (2007):
http://www.un.org/esa/socdev/enable/documents/tccconvs.pdf

Real Decreto Legislativo 1/2013, de 29 de noviembre, por el que se aprueba el Texto Refundido de la Ley General de derechos de las personas con discapacidad y de su inclusión social:
https://www.boe.es/boe/dias/2013/12/03/pdfs/BOE-A-2013-12632.pdf

Ley 31/1995, de 8 de noviembre, de Prevención de Riesgos Laborales:
https://www.boe.es/boe/dias/1995/11/10/pdfs/A32590-32611.pdf